CONFESSION GÉNÉRALE

DE SON ALTESSE SÉRÉNISSIME

MGR. LE COMTE D'ARTOIS.

CONFESSION GÉNÉRALE

DE SON ALTESSE SÉRÉNISSIME MGR. LE COMTE D'ARTOIS,

Déposée, à son arrivée à Madrid, dans le sein du T. R. P. Dom JÉROME, *Grand Inquisiteur, & rendue publique par les ordres de Son Altesse, pour donner à la Nation un témoignage authentique de son repentir.*

Confiteor Deo & Populo.

A PARIS,

Chez le Secrétaire des Commandements de Mgr. l'Archevêque de Paris.

Et chez tous les Supérieurs des Communautés, même celle de St. Lazare.

Août, 1789.

CONFESSION GÉNÉRALE

DE SON ALTESSE SÉRÉNISSIME MGR. LE COMTE D'ARTOIS.

LES yeux remplis de larmes, que la rage ſeule faiſoit couler, déteſtant moins ſon infâme conduite, que pénétré du regret de n'en pas recueillir le fruit, S. A. S. Monſeigneur le Comte d'Artois arriva à Madrid, après avoir penſé éprouver à Lyon la fureur légitime d'un peuple juſtement irrité : tantôt il ſe repréſentoit la perte des careſſes lubriques de ſon illuſtre belle-ſœur, les emportemens de la Tribade Polignac; enſuite l'ambition ſuccédoit à ce reſſouvenir amer; les réflexions ſiniſtres aſſiégeoient ſon cœur; & le déſeſpoir de n'avoir pu conſommer ſon exécrable forfait, augmentoit l'affreuſe ſituation de ce coupable Prince.

„ Eh quoi! ſe diſoit il, doutant-même „ de ſon exiſtence; ſuis-je bien moi? „ quelle révolution! & quelle en ſera „ la ſuite? C'eſt donc en vain que l'a- „ mour, cette paſſion tyrannique, m'a „ fait tout entreprendre: adultere, „ preſque aſſaſſin, j'ai violé les droits „ les plus reſpectables, ceux de frater- „ nité & d'époux. Ce ſont les fruits „ adultérins d'une union réprouvée, „ qui doivent un jour régir la Monar- „ chie Françaiſe. Au fond du cœur „ mépriſant le Monſtre qui ſecondoit „ mes vues criminelles, j'ai contribué à „ ſes plaiſirs, pour me frayer un che- „ min qui pût me conduire au Trône; „ un inſtant de plus, la France étoit

„ à moi ; les Miniſtres m'étoient dé-
„ voués, la lâche trahiſon me donnoit
„ la moitié des ſuffrages, la force & la
„ violence m'aſſuroit de l'autre : un
„ Breteuil, un Barentin, parvenus à
„ s'emparer du timon de la Monarchie,
„ avoient dépoſé dans mon ſein le ſer-
„ ment ſacré d'une odieuſe & indigne
„ fidélité. Un inſtant, un ſeul inſtant
„ a tout détruit : du faîte des gran-
„ deurs je tombe dans l'aviliſſement ;
„ l'horreur & l'exécration ſont les ſeuls
„ ſentiments que j'inſpire, & mon nom
„ déſormais ne ſera plus que le ſignal
„ de la terreur & de l'effroi.

» Quel parti prendre! Divinités in-
» fernales ! vous à qui j'ai toujours ſa-
» crifié, préſidez maintenant à mes
» idées ; ma raiſon eſt bouleverſée,
» ſoyez-moi propices, & je vous voue
» un hommage éternel.

» Mais quel rayon de lumiere vous
» faites luire à mes yeux, & quel ſen-

» timent vous faites naître en mon » cœur ! Déjà mon eſpoir ſe rétablit, » O Sathan, mon génie tutelaire, non, » ce n'eſt point en vain que je t'in- » voque ! D'Artois ſera toujours d'Ar- » tois, l'ennemi de la Nation, & ton » fidele ſuppôt.

C'eſt ainſi que raiſonnoit l'indigne rejetton d'un ſang illuſtre ; c'eſt un Bourbon qui dans ſon cœur prononce le ſerment affreux d'accabler le peuple de ſa haine ; & pour l'aider a y réuſſir, la politique fuit de la Cour Françaiſe & le ſuit en Eſpagne pour l'infecter de tout ſon poiſon.

Quel changement & quel affreux tableau d'hypocriſie va nous préſenter S. A. arborant l'étendart de l'humilité, pouſſant des ſoupirs affectés par intervalle, ſe frappant la poitrine ; telle eſt la maniere que le Comte d'Artois, paroiſſant ſe traîner à peine, emploie pour ſe préſenter au Tribunal affoibli de l'Inquisition. Son titre qu'il a tant de fois méconnu, l'honneur de son nom dont il s'est rendu tant de fois indigne, le font parvenir aux pieds de Don Jérôme, grand inquisiteur. Après avoir frappé trois fois la terre de son front, suivant l'usage, humblement baisé le pan de la robe du R. P. Hypocrite, d'Artois s'exprime en ces termes :

» O mon Pere ! organe sacré de la » Majesté Divine, c'est à vos genoux » que je viens reclamer la miséricor- „ de d'un Dieu dont je redoute le cour- » roux ! puis-je espérer d'obtenir quel- » que grace ? le nombre de mes ini- » quités est si grand que j'ai tout lieu » de désespérer du pardon. C'est en en » déposant le fardeau dans votre sein » que je vous supplierai d'employer „ auprès de lui votre intercession : ce „ n'est pas seulement le cri de ma con- „ science qui m'assaille ; c'est encore „ les gémissements d'un peuple que j'ai „ rendu malheureux. Artisan de son in-

„ fortune, sa misere est mon ouvrage. „ J'ai égaré le plus tendre des freres, „ un Roi vertueux; j'ai fait un Mo- „ narque foible; j'ai aveuglé toute une „ Nation sur ses qualités royales, & „ la destruction totale du Royaume „ étoit le vœu de mon cœur; j'en „ aurois sans doute vu l'accomplisse- „ ment, si l'Etre suprême n'avoit re- „ gardé les François en pitié.

„ Daignez donc, ô mon pere, me „ reconcilier avec moi-même? L'énor- „ mité de mon crime m'a rendu vil à „ mes propres yeux; la naissance, le „ rang, devoient me rendre l'exemple „ de l'univers; la bassesse de ma con- „ duite m'en a rendu l'opprobre.

Le Religieux, trompé par cette dou. leur apparente & les démonstrations de ce faux repentir, entreprit de consoler S. A. en lui disant : espérez, espérez tout, mon fils, de la grace divine; si la voix publique condamne avec raiſon le tiſſu d'abominations que vous avez commiſes, „ l'aveu que vous allez „ en faire, la pénitence que le Très- „ Haut vous impoſera par mon miniſ- „ tère, ſera le fondement de votre re- „ tour à la vertu, & le premier acte „ de votre réſignation à ſa juſtice : deſ- „ cendez dans votre cœur, & courbez- „ vous devant l'Image de votre Dieu. „

On preſſent bien que ce commandement propageoit la rage dans le cœur de S. A. toute la terrre connoît l'orgueil de ce Prince, & il ne falloit pas moins que la néceſſité pour qu'il s'y ſoumit. La néceſſité, cette loi impérieuſe, lui crioit aux oreilles : *Superbe, humilie-toi.* Tout le détermina à embraſſer ce parti. Après donc quelques moments d'un feint anéantiſſement, S. A. pouſſant des ſoupirs, fit au grand inquiſiteur la confeſſion des atrocités qui le rendront à jamais l'objet du mépris & de la haine.

„ Non-ſeulement, mon Révérend

„ Pere, je vais par ma ſincérité cher-
„ cher à regagner les faveurs céleſtes;
„ mais encore je veux que mon re-
„ pentir ſoit public, & dévoiler à la
„ Nation, que j'accablois d'outrages,
„ les forfaits que je vais dépoſer dans
„ votre ſein. Puiſſe un Peuple qui me
„ déteſte, avec raiſon, oublier en partie
„ que je ſuis le principe de ſon déſaſ-
„ tre, & ne me pas ſacrifier à ſa ven-
„ geance, en voyant les larmes de
„ ſang que le remords me fait verſer.

„ Je gliſſerai rapidement ſur mes
„ premieres années. L'éducation des
„ Princes, ſi brillante en apparence,
„ mais vicieuſe en tous ſes points, fut
„ la baſe de ma conduite: un carac-
„ tete méchant, féroce même annon-
„ çoit déjà dans mon enfance à la
„ Nation Françaiſe que je ſerois ſon
„ oppreſſeur.

„ Tout favoriſoit alors le penchant
„ décidé qui me portoit au mal. La
„ mort de Louis XV, l'élévation de

„ mon frere aîné, sa bonté naturelle „ qui éloignoit de son ame le soup- „ çon du crime, sa confiance, sa sé- „ curité, les acclamations, les éloges „ de son peuple, l'assuroient de la fé- „ licité publique; il la croyoit éter- „ nelle. Hélas! quelle étoit son erreur! „ il ignoroit que les Princes de son „ Sang, son frere même, son propre „ frere, que tout devoit rendre les pro- „ tecteurs chéris de la Nation, tra- „ vailloient sourdement à sa destruction.

„ Ce fut du moment que la dissi- „ pation & les excessives prodigalités „ penserent épuiser l'immensité de mes „ moyens, que je m'égarai, me per- „ dis; l'injustice me domina; la soif „ brûlante des richesses vint me tour- „ menter; je n'y pus résister, & rien „ ne put réprimer les concussions que „ je mis en usage pour augmenter mes „ revenus. Je tyrannisai mes vassaux; „ insensible à leurs peines, à leurs fa- „ tigues, je les rançonnai sans pitié,

„ & le plus ſouvent je ſacrifiai au ha„ ſard du jeu ou à la vîteſſe d'un che„ val anglais, ce fruit de la rapine „ & de la vexation.

„ Non, jamais je ne puis me ren„ dre aſſez coupable, ô mon Pere! „ il faut, que dis-je, il faut? l'hon„ neur que j'outrageai, la religion „ que je mépriſai, la douleur que je „ reſſens, tous ces juſtes motifs me „ font un devoir, me contraignent à „ vous accuſer quelle étoit alors la „ noirceur de mon ame & l'indignité „ de mes ſentiments. Oui, mon Pere, „ c'étoit peu pour mon lâche cœur „ d'opprimer ainſi l'infortuné; le plus „ pur de ſon ſang ſuffiſoit à peine pour „ étancher la ſoif cruelle dont j'étois „ dévoré. Promenant ſur le Trône des „ regards envieux, je maudiſſois le „ deſtin de m'avoir fait naître le plus „ jeune de mes freres; je l'accuſai d'in-

„ justice, & dès ce moment je vouai „ à mon frere, à mon Roi, une haine „ dont il ne tarda pas à éprouver les „ barbares effets.

„ Je m'appliquai sérieusement à con- „ noître sur quel fondement un Mo- „ narque établissoit sa grandeur ; je re- „ connus qu'elle étoit fixée sur l'équi- „ libre, & que peu de choses suffiroit „ à lui faire perdre. La tendresse du „ Peuple l'avoit toujours maintenu : je „ travaillai à l'anéantir, & j'y parvins. „ Les infâmes agents que je produisis „ au ministere servirent mes complots, „ & le meilleur des Rois séduit, égaré, „ perdit par dégrés l'amour du français. „ O mon Pere ! tels furent les pre- „ miers pas que je fis dans la carriere „ du crime.

„ L'état affreux de la France est „ mon ouvrage. Je vous l'accuse, j'a- „ vois médité sa ruine, & sa perte

„ étoit l'aliment qui nourrissoit mon „ ambition. Les conseils & les sages „ réprésentations d'une épouse vertueuse „ ne mirent pas de frein à ma rage „ effrenée ; elle ne fit qu'allumer mon „ ressentiment ; je l'accablai d'outra- „ ges, & les moins détestables que je „ lui fis essuyer, fut de lui associer les „ plut viles Catins & les plus lubriques „ Courtisannes de ce siecle.

„ Sortant de ses bras où le caprice „ me ramenoit par fois, je ne laissai „ jamais subsister aucun doute sur mon „ intention, & ne lui dissimulois point „ que le devoir ni le sentiment n'a- „ voient aucune part à mes caresses. „ Je poussai la barbarie jusqu'à l'ins- „ truire de mes déréglements. J'affichai „ la dépravation, sans avoir la politi- „ que de voiler mes déportements.

„ Violemment incommodé *d'une in-* „ *digestion*

„ *digeſtion de biſcuits de Savoie*, (1) je „ vais, diſais-je à mon cocher, *prendre du thé à Paris.* La Duthé, cette „ infâme créature, cette exécrable Meſſaline ſortie de la fange des plus ſales B....... de la Capitale, devint „ mon idole & l'objet de mon culte „ & de mes hommages. Je les lui offris „ en public, & bravant inſolemment „ la cenſure de mon Roi, l'indignation d'un Peuple que je mépriſois, „ je forçai ceux qui étoient ſous ma „ dépendance à plier le genou devant „ l'odieuſe proſtituée que j'adorois.

„ O mon digne & très-Révérend „ Pere, comment, ſans mourir de „ honte, vous faire le détail de mes „ courſes nocturnes, les orgies ſcan-

(1) Jeu de mots ſur Marie-Thérèſe de Savoie, Comteſſe d'Artois, & la Duthé, P... ſi renommée, dont le faſte écraſoit celui de la Majeſté Royale.

„ daleuſes que j'y commettois, les riſ-
„ ques que j'y courus ? Compromis
„ dans les plus noirs taudions, avec
„ les ſcélérats & le rebut de la popu-
„ lace ; un Prince du Sang Royal,
„ un Frere du Roi, mangeoit, buvoit
„ familiérement avec cette race ab-
„ jecte, & m'aſſimilant avec eux de
„ cette ſorte, je ne rougiſſois pas de
„ me déclarer leur confrere & leur
„ appui.

» Un mal affreux germa dans mon
» ſein : ce noir poiſon, diſtillé par le
» libertinage, penſa devenir funeſte à
» ma digne & adorable épouſe. Alors
» je ceſſai de fréquenter ces obſcurs &
» dégoutants repaires, ſans cependant
» en devenir plus ſage, & je préſentai
» de nouveaux vœux à la proſtitu-
» tion.

» Contat, cette volage Actrice dont
» la renommée publioit les charmants
» attraits, enflamma mon cœur de la

» paſſion la plus vive, & ſans m'ar-
» rêter à l'indigne ſource dont elle eſt
» ſortie (1), ſans aucune conſidéra-
» tion pour ſon état, ſi incompatible
» avec mon rang & mon nom, je
» m'étourdis ſur la baſſeſſe dont je me
» rendois coupable; je bravai la cla-
» meur publique ſur le tableau ſincere
» de ſes abominables mœurs; je fis de
» Contat ma divinité.

» C'eſt dans les embraſſements de
» cette Prêtreſſe de Priape que j'épui-
» ſai tous les reſſorts de la fauſſe vo-
» lupté : pour me plaire elle me dé-
» voila tous les ſecrets de l'Arétin,
» dont la pratique m'a depuis toujours
» été chere. Je m'énervai par la bruta-

(1) La Contat eſt fille d'une revendeuſe de fruits & d'un Mouchard de Robe-courte. Son frere, ſacripant de la premiere claſſe, exerce encore cette honorable fonction, & cette heroïne de couliſſes eſt ſans contredit l'Actrice la plus déréglée de tous les théâtres.

« lité de mes révoltants transports, & » je n'avois plus pour la céleste com» pagne que le Ciel m'avoit donnée, » que la froideur la plus insultante.

» *Bagatelle.* Ce charmant asyle de la » débauche, devint le sanctuaire de la » mollesse & du libertinage : mes com» plaisants & délicats pourvoyeurs four» nissoient tous les jours ce temple de » nouvelles Déesses ; j'y promenois » des regards languissants ; mes sens » émoussés par les jouissances de tous » genres que je m'étois procurées, ne » se ranimoient qu'à peine ; il falloit » les exciter par l'attrait piquant de la » nouveauté : c'est ce que je fis.

» J'osai jetter un œil prophane sur » Madame la Duchesse de Bourbon : » ce secret inconnu jusqu'alors me cou» vre encore de honte & de confu» sion : mon aveu coupable irrita sa » vertu. Désespéré de ce refus, je l'in» sultai, & tous Paris fut témoin de

» la vengeance de ſon époux ; j'y fis » remarquer la lâcheté dont mon cœur » eſt ſuſceptible ; & je fis connoître à » la Nation Françoiſe combien je me » ſouciois peu de démentir & desho- » norer un ſang illuſtre.

» Malgré la politique dont je me » ſervois , l'infamie de ma conduite » commençoit à percer ; l'indignation » ſoulevoit les eſprits ; les épigrammes » ſanglantes & méritées m'étoient adreſ- » ſées de toutes parts : je m'éloignai , » & Gibraltar fut le théâtre que je » choiſis pour me ſignaler par de nou- » veaux exploits.

» Vous les connoiſſez , ô mon Pere ! » l'adulation me couronna de lauriers , » & la vérité me les arracha ! hué , » ſifflé de tous les vrais braves , guer- » rier ſans gloire , frere ſans amitié ! » pere ſans naturel , époux ingrat , » citoyen perfide , Prince ſans déli- » cateſſe , il ne manquoit à tous ces

» titres, qui m'étoient distribués par » toutes les bouches & les cœurs de » la Capitale, que celui de lâche pa- » triote. Avec justice on me le décerna. „ Aujourd'hui proscrit, rejetté de mon „ auguste Famille, le peuple a mis ma „ tête à prix : eût-elle tombée sous „ son glaive vengeur, & mon cada- „ vre souillé par la poussiere & foulé „ aux pieds, privé de sépulture, je „ n'aurois que foiblement expié mes „ forfaits.

„ A mesure que je perdois l'estime „ & la confiance publique, la rage „ s'accrut dans mon ame, le nom Fran- „ çais me devint odieux ; j'abhorrai „ son existence, & j'associai mon fa- „ rouche ressentiment à la barbare R.... „ que le plus malheureux des Rois „ avoit prise en Germanie pour former „ le bonheur de ses jours.

„ Nos cœurs furent bientôt unis ; „ le crime le plus atroce cimenta cette

„ union. Sans égard aux droits du sang, „ je souillai la couche nuptiale, & fis „ féconder la Famille Royale. Plus de „ mystere alors; ne respirant plus tous „ deux que fureur & vengeance, nous „ nous assurâmes des Ministres; nous „ nous défîmes des gens vertueux dont „ la gêne continuelle contrarioit nos „ desseins. Nous pillâmes le Trésor „ royal, & le Pere du peuple, obsédé „ de traîtres, ignoroit le malheur de „ ses enfants, & l'orage affreux qui „ menaçoit la Monarchie.

„ L'exécrable Polignac, ce monstre „ détesté, ce monstre indéfinissable, „ comme une quatrieme furie, se joi- „ gnit à la cabale, & se fit une gloire „ d'en diriger les insignes manœuvres. „ Adorée de la R.... à laquelle elle „ avoit fait adopter ses goûts infâmes, „ elle se partageoit alternativement en- „ tr'elle & moi, & nous avions formé „ par cette intime réunion le plus af- „ freux trio.

„ Rien ne coûte à cette Mégere ; „ ſon ame paſſa dans la mienne ; le „ même génie nous anima ; nous épuiſâmes la France ; crime léger, qui „ ne ſuffiſoit pas à notre fureur ; la „ deſtruction totale de ſes Habitants „ étoit le vœu le plus ardent de notre „ cœur.

„ Cond., Cont, de Guiche, tout „ auſſi lâches, auſſi perfides que nous, „ augmenterent le nombre des tyrans „ de la Nation ; nous ſoufflâmes dans „ le cœur de la Nobleſſe l'affreux poiſon de la diſcorde. Nous lui fîmes „ enviſager ſes droits violés, ſacrifiés „ au titre chimérique de Citoyen, & „ nous en fîmes autant d'ennemis du „ peuple que de la liberté.

„ Notre ligue qui paroiſſoit indeſtructible, groſſiſſoit tous les jours. „ Déjà nous ne gardions plus le ſecret, „ levant inſolemment nos têtes altieres, nous rejettions avec dédain les

„ ſupplications & les larmes des habitants, rongés par l'affreuſe miſere „ que nous avions fait naître : quelques „ jours de plus, & des fleuves de ſang „ inondoient la Capitale. Déjà ils ſe „ préſentoient à nos yeux, & nous nagions d'avance avec raviſſement dans „ ces ſources délicieuſes.

» Les citoyens maſſacrés l'un par » l'autre; les habitants égorgés par » une troupe de brigands enrégimentés, aveuglément ſoumiſe à nos ordres barbares; les cadavres expirants » les uns ſur les autres : voilà, mon » Pere, le trophée que nous voulions » élever à notre gloire immortelle, & » le ſpectacle enchanteur que nous » nous préparions.

» La ville réduite en un monceau » de cendres, coup d'œil flatteur pour » de nouveaux Néron, préſentoit à » nos regards la plus agréable perſpective, & les préliminaires les plus

» ſanglants annoncerent à la Patrie le
» ſignal horrible de la terreur & de la
» proſcription.

» Cette affreuſe conſpiration tou-
» choit au terme fatal de ſon exécu-
» tion ; les maiſons étoient déſignées,
» cent mille habitants alloient périr
» victimes de notre rage, lorſque la
» main de l'Etre ſuprême détourna les
» coups cruels que nous allions porter,
» & l'imprudence trahit nos vues cri-
» minelles.

» Le féroce Lambeſc, à la tête d'une
» troupe de tigres altérés du ſang
» français, ſe livre trop tôt au ſen-
» timent qui nous animoit : aveugle
» dans ſes horribles tranſports, il
» commence l'alarme générale, & dé-
» truit nos projets par ſa promptitude
» & ſon impatience.

» Les miniſtres de notre rage n'é-
» toient point prêts ; nos ſatellites n'é-
» toient point arrivés ; le nombre qui

» nous avoit vendu leurs bras & leur
„ vie, étoit trop foible pour oppofer
„ à la vile populace que nous avions
„ juré d'exterminer; défenfeurs de fes
„ jours, de fon exiftence, de fa liber-
„ té, les citoyens s'ameutent, s'ar-
„ ment & renverfent en un inftant nos
„ plus cheres efpérances.

„ Terribles & bouillonnants de fu-
„ reur, les vaillants Parifiens mena-
„ cent nos jours, pour lefquels nous
„ commençons à trembler. L'horreur
„ fe répand, le fang des traîtres coule:
„ prifonniers dans Verfailles, tous les
„ paffages font obftrués, & nous voyons
„ avec douleur le triomp he national.

„ Journée malheureufe où nous
„ vîmes anéantir nos effroyables def-
„ feins! Les larmes couloient de nos
„ yeux, la rage feule en faifoit naître
„ la fource; nos amis, nos partifans,
„ les fcélérats ennemis du patriotifme
„ cruellement mutilés, traînés dans la

„ fange, leurs coupables têtes portées „ au bout d'une lance, sembloient pré- „ sager le juste sort qui nous étoit ré- „ servé, & auquel la fuite nous a dé- „ robés.

„ O mon Pere ! l'indignation se „ peint sur votre visage, & mainte- „ nant elle regne dans tous les cœurs. „ Où fuir ? où aller cacher ma honte „ & mon affliction ? quel sera le peu- „ ple assez insensé pour accueillir & „ protéger le crime, la trahison & la „ scélératesse ? Comment oser préten- „ dre à un asyle, à un refuge ? Mon „ nom seul ne sera-t-il pas le premier „ chef de ma condamnation ? & ne „ sera-ce pas rendre un important ser- „ vice à l'humanité, que de plonger „ un poignard dans le sein de celui „ qui vouloit être lui-même le bour- „ reau d'un Peuple entier, pour repaî- „ tre ses yeux de ce sanglant spectacle, „ & faire jouir une femme barbare „ & impitoyable, des fruits de l'hor-

„ reur qu'elle a conçue & conſerve
„ encore dans ſon ſein pour les Fran-
„ çais qui l'adoroient au moment où
„ elle méditoit leur ruine ?

„ Tonnez ſur moi, grand Dieu !
„ que votre foudre écraſe ſans miſé-
„ ricorde la déteſtable furie, l'objet
„ de mes lâches amours & de mes cri-
„ minelles complaiſances. Périſſent de
„ même les infâmes Princes qui ſer-
„ virent nos perfides complots; qu'un
„ trépas ignominieux ſoit le ſalaire
„ des traîtres dont la France eſt in-
„ fectée, & qui jouiſſent en paix du
„ fruit de leurs houteux larcins.

„ Paris, cette ſuperbe Cité, reine
„ du monde, en proie à la famine,
„ n'offre plus qu'un tableau pitoyable,
„ dont la face ne peut changer qu'en
„ détruiſant les monſtres qu'elle recele
„ dans ſon ſein.

„ O Maître ſuprême des humains,

„ vous exaucez une partie de mes „ vœux ! Un Prevôt des Marchands, „ le Gouverneur de la Baſtille, un „ Foulon, un Berthier ſont déjà les „ victimes que tu as abandonnés au „ reſſentiment national, maſſacrés par „ un peuple ſecouant le joug de l'op- „ preſſion & de la tyrannie. Leur tré- „ pas, loin d'exciter la compaſſion, „ fait naître la joie dans tous les cœurs, „ & les lambeaux ſanglants de leurs „ corps déchirés, ſont les holocauſtes „ offerts à la liberté.

„ Tremblez Condé, Conti, Bour- „ bon, d'Enghien, & vous, miſéra- „ bles artiſans de la miſere des Fran- „ çais ! Que le ſort de vos ſemblables „ vous inſpire un effroi continuel ! & „ ſi vous échappez à la légitime ven- „ geance publique, puiſſe l'affreux ſer- „ pent du remord déchirer perpétuel- „ lement votre ſein !

„ Tel eſt, ô mon Pere, le détail des

„ iniquités que l'orgueil & l'ambition „ m'ont fait commettre! Je me résigne à la vengeance divine, & recevrai, sans murmurer, le coup qui „ ne tardera sûrement pas à trancher „ le fil des jours d'un infâme proscrit.

N. B. On invite le Public à ne point ajouter de foi au repentir tardif & forcé de S. A. S. on en doit distinguer toute la fausseté. Prions seulement l'Arbitre des destinées que ses derniers vœux, tout imposteurs qu'ils sont, soient exaucés; que le despotisme soit anéanti, les traîtres massacrés, & que nos enfants jouissent du précieux bonheur de posséder la liberté dont nous voyons commencer le regne.

FIN.

www.ingramcontent.com/pod-product-compliance
Ingram Content Group UK Ltd.
Pitfield, Milton Keynes, MK11 3LW, UK
UKHW021034260726
13994UKWH00005B/2148

9 782329 397801